AF362722

LES PETITS PROBLÈMES

DU

PHOTOGRAPHE

PAR

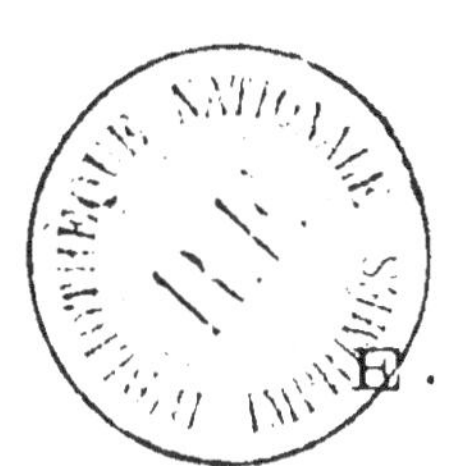

E. WALLON

PARIS

GEORGES CARRÉ, ÉDITEUR

3, RUE RACINE, 3

—

1896

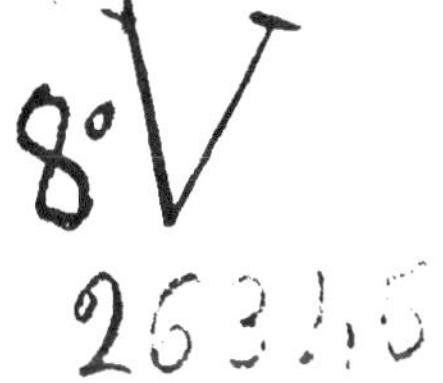

LES PETITS PROBLÈMES

DU

PHOTOGRAPHE

Châteauroux. — Typ. et Stéréot. A. Majesté et L. Bouchardeau.

LES PETITS PROBLÈMES

DU

PHOTOGRAPHE

AVANT-PROPOS

Nous nous proposons de passer en revue, sous ce titre, les problèmes que le photographe peut avoir à résoudre en diverses circonstances ; ils sont en général très élémentaires, et les solutions en ont été déjà bien des fois indiquées.

Mais on s'est le plus souvent préoccupé de donner à ces solutions un caractère de généralité qui exigeait l'emploi de formules algébriques ; et le photographe, qui n'est pas toujours un mathématicien, peut quelquefois encore se trouver embarrassé.

Nous nous bornerons ici à des *règles pratiques*, particulières à chacun des cas qui peuvent se présenter, et appuyées toujours d'exemples numériques : lorsqu'il y aura lieu, pour plus de simplicité, de faire une approximation, nous ne manquerons pas de l'indiquer ; et, d'autre part, nous laisserons de côté les problèmes dont la solution, faute de bases certaines, ne pourrait être donnée que de façon arbitraire : c'est dire que nous ne parlerons guère de ce qui concerne le temps de pose, en dehors de quelques cas particuliers, où la question se présente dans des conditions bien déterminées.

AGRANDISSEMENTS ET RÉDUCTIONS

I. AGRANDISSEMENTS ET RÉDUCTIONS PAR PROJECTION.

Je suppose qu'un photographe veuille établir dans son laboratoire une installation destinée aux agrandissements ou réductions : les images à reproduire, éclairées par la lumière solaire ou par des lumières artificielles, seront toujours placées dans la même position, mais l'objectif et la surface sensible seront portés par des chariots mobiles.

Trois problèmes peuvent être posés.

1. On ne dispose pour l'installation que d'une certaine longueur, qui est, par exemple, fixée par la profondeur du laboratoire, et l'on veut pouvoir atteindre un rapport donné d'agrandissement ou de réduction. Quelle devra être, au maximum, la distance focale de l'objectif à choisir ?

On multipliera la longueur totale disponible par le rapport donné ; on ajoutera d'autre part une unité à ce même rapport et on élèvera au carré ; enfin on divisera le premier produit par le nombre ainsi obtenu.

Exemple : La longueur disponible est de 3 mètres, et l'on veut pouvoir agrandir ou réduire jusqu'à cinq fois en diamètre.

Le rapport donné comme limite est donc 5 ; le produit de ce rapport par la longueur disponible est $3 \times 5 = 15$. En ajoutant 1 au rapport, j'ai le nombre **6** dont le carré est 36. Le quotient de 15 par 36 est 0,4166…

Il faudra choisir un objectif dont la distance focale n'atteigne pas $0^m,42$.

2. *On veut se servir d'un objectif donné et pouvoir atteindre un certain rapport d'agrandissement ou de réduction : de quelle longueur totale devra-t-on pouvoir disposer ?*

On divisera la distance focale de l'objectif par le rapport maximum donné ; et on multipliera le quotient par le nombre obtenu en élevant au carré ce même rapport augmenté d'une unité.

Exemple : L'objectif a $0^m,25$ de distance focale, et l'on veut pouvoir agrandir ou réduire jusqu'à dix fois.

Le quotient de la distance focale par le rapport donné est $\dfrac{0,25}{10}$, ou $0,025$; en le multipliant par $(10 + 1)^2$, ou 121, on trouve

$$0,025 \times 121 = 3^m,025.$$

On devra donc pouvoir disposer d'un peu plus de 3 mètres.

3. *La longueur totale et la distance focale de l'objectif sont données : quel rapport d'agrandissement ou de réduction pourra-t-on atteindre ?*

Ici, la règle est un peu plus compliquée.

On divisera la longueur totale par la distance focale de l'objectif, et on retranchera 2 du quotient, ce qui donnera un premier nombre.

On élèvera, d'autre part, ce nombre au carré, on retranchera 4, et on prendra la racine carrée ; on aura ainsi un deuxième nombre, que l'on ajoutera au premier ; enfin, on divisera la somme par 2.

Exemple : La longueur disponible totale est de 4 mètres ; la distance focale est de $0^m,32$.

Le premier nombre est :

$$\frac{4}{0,32} - 2 = \frac{3,36}{0,32}$$

Le second est la racine carrée de

$$\left(\frac{3,36}{0,32}\right)^2 - 4 = \frac{11,2896 - 4 \times 0,1024}{(0,32)^2} = \frac{11,2896 - 0,4096}{(0,32)^2} = \frac{10,88}{(0,32)^2} :$$

c'est donc, très sensiblement : $\dfrac{3,30}{0,32}$.

La demi-somme des deux nombres est :

$$\frac{3,30 + 3,36}{2 \times 0,32} = \frac{6,66}{0,64} = 10,4.$$

On pourra agrandir dix fois ou réduire au dixième.

Remarque. — Nous avons considéré, comme longueur totale, la distance de l'image que l'on veut reproduire à la surface sensible ; en toute rigueur, il faudrait ajouter au nombre calculé dans le second problème, et retrancher du nombre introduit dans les calculs du premier et du troisième problèmes, la distance qui sépare les points nodaux de l'objectif ; mais l'écartement de ces points ne dépassant pas, en général, un petit nombre de millimètres, il n'y a pas lieu d'en tenir compte dans les questions d'installation.

II. Agrandissements et réductions a la chambre noire.

Un photographe voulant faire une série d'agrandissements à la chambre noire peut se trouver en présence de trois problèmes, qui correspondent respectivement à ceux que nous avons traités dans le premier chapitre, mais se posent de façon un peu différente, et se résolvent suivant des règles plus simples.

4. *On veut utiliser une chambre noire déterminée, et il s'agit de choisir l'objectif : quelle devra en être, au maximum, la distance focale pour que l'on puisse atteindre un rapport donné de grossissement ?*

On divisera la longueur représentant le

tirage maximum de la chambre noire, par le rapport maximum de grossissement, augmenté d'une unité.

Exemple : La chambre dont on dispose présente un tirage maximum de $0^m,80$ et l'on veut pouvoir agrandir jusqu'à quatre fois en diamètre.

En augmentant d'une unité le rapport donné, nous obtenons le nombre 5, et en divisant $0^m,80$ par ce nombre, nous trouvons comme quotient $0^m,16$.

La distance focale de l'objectif devra être, au plus, de $0^m,16$.

5. *L'objectif est donné : quel devra être au minimum le tirage de la chambre noire pour que l'on puisse atteindre un rapport donné de grossissement ?*

On multipliera la distance focale de l'objectif par le rapport maximum de grossissement, augmenté d'une unité.

Exemple : L'objectif dont on veut se servir a $0^m,20$ de distance focale ; on voudrait pouvoir agrandir jusqu'à cinq fois : quel devrait être le tirage de la chambre noire ?

$$0^m,20 (5 + 1) = 0^m,20 \times 6 = 1^m,20$$

La chambre devrait donc pouvoir s'allonger jusqu'à $1^m,20$.

6. *La chambre noire et l'objectif sont donnés : quel est le plus grand rapport d'agrandissement que l'on puisse atteindre ?*

On divisera le tirage maximum de la chambre noire par la distance focale de l'objectif, et, du quotient, on retranchera une unité.

Exemple : L'objectif a $0^m,24$ de distance focale ; la chambre a un tirage maximum de $0^m,80$.

Le quotient de $0^m,80$ par $0^m,24$ est $3^m,33$; si nous en retranchons une unité, il reste $2^m,33$ pour la valeur du rapport maximum de grossissement.

REMARQUES. — 1° Nous ne sommes limités, dans le cas d'opérations à la chambre noire, que pour les agrandissements. Sous la seule réserve que la glace dépolie et la surface sensible puissent être amenées au foyer principal de l'objectif, on pourra toujours atteindre tel rapport de réduction que l'on voudra.

2° Le tirage de la chambre noire est en toute rigueur la distance qui sépare la glace dépolie, ou la surface sensible, du point nodal d'émergence de l'objectif : dans la plupart des cas, et pour les problèmes que nous venons de traiter, où il n'est besoin de connaître que de façon approchée la longueur de ce tirage, on pourra le compter du sommet postérieur de l'objectif.

III. CHOIX ET DISPOSITION DE L'OBJECTIF POUR LES OPÉRATIONS D'AGRANDISSEMENT OU DE RÉDUCTION.

7. *Quelle doit être la surface nettement couverte dans les opérations ordinaires par l'objectif que l'on veut utiliser pour les agrandissements ?*

Un objectif donnant, de façon générale, des images nettes, non pas sur une surface déterminée, mais à l'intérieur d'un angle déterminé, pourra couvrir des surfaces très différentes, pourvu qu'elles soient comprises dans un cône ayant la moitié de cet angle comme angle au sommet.

Il en résulte que la condition suivante est généralement suffisante : l'objectif doit pouvoir donner nettement, dans les opérations ordinaires, des images de mêmes dimensions que celles qu'il s'agit d'agrandir.

On pourra, en particulier, utiliser un objectif à agrandir les images qu'il a servi à obtenir.

8. *Comment doit-on disposer l'objectif pour les opérations d'agrandissement ou de réduction ?*

Dans le cas de réductions, l'objectif devra être disposé comme pour les opérations ordinaires de photographie.

Dans le cas d'agrandissements, un objectif symétrique pourra être disposé de façon quelconque ; mais si l'objectif n'est pas symétrique, il doit, en principe, être retourné, de manière que la face qui est d'ordinaire en avant soit tournée vers la surface sensible : s'il s'agit en particulier d'un objectif simple, il doit présenter sa face convexe à l'image que l'on veut agrandir.

L'importance de ce retournement varie d'ailleurs beaucoup d'un objectif à l'autre ; le photographe pourra voir très vite, par un essai préliminaire, s'il est nécessaire d'y avoir recours.

REMARQUE. — Il n'y a pas lieu, généralement, de rechercher dans les agrandissements, par l'emploi de très petits diaphragmes, une netteté exagérée, qui donnerait souvent des effets peu artistiques ; ce qui est nécessaire, c'est que, dans l'image obtenue, la netteté soit homogène. Par suite, les types d'objectifs dont la surface focale à grande ouverture est très plane conviendront tout particulièrement aux opérations d'agrandissement.

IV. MISE AU POINT POUR LES REPRODUCTIONS A ÉCHELLE DONNÉE.

9. *A quelle distance de l'objectif devra*

être placé le modèle pour que l'image soit agrandie ou réduite dans un rapport donné ?

On multipliera la distance focale de l'objectif par le rapport de grossissement ou de réduction, augmenté d'une unité; et l'on divisera le produit obtenu par ce même rapport d'agrandissement ou de réduction.

Exemples : 1° La distance focale de l'objectif est de $0^m,18$: on veut agrandir en doublant les dimensions linéaires du modèle.

Le rapport d'agrandissement est donc 2, et la distance cherchée, du modèle à l'objectif, est

$$\frac{0^m,18\,(2 + 1)}{2} = 0^m,27.$$

2° Avec le même objectif, on veut faire une réduction au tiers.

Le rapport de réduction est $1/3$; la distance cherchée est

$$\frac{0^m,18\,(1/3 + 1)}{1/3} = 0^m,18 \times 4 = 0^m,72.$$

10. *A quelle distance de l'objectif devra être placée la surface sensible lorsque l'image* *est agrandie ou réduite dans un rapport donné ?*

On multipliera la distance focale de l'objectif par le rapport de grossissement ou de réduction augmenté d'une unité.

Exemples : Les données étant les mêmes que dans le problème précédent, la distance de la surface sensible à l'objectif devra être, dans le premier cas, c'est-à-dire pour un rapport d'agrandissement égal à 2,

$$0^m,18 \, (2 + 1) = 0^m,54,$$

et dans le second cas, c'est-à-dire pour un rapport de réduction égal à 1/3,

$$0^m,18 \, (1/3 + 1) = 0^m,24.$$

REMARQUE. — Nous avons considéré la distance focale absolue, c'est-à-dire comptée à partir du point nodal d'émergence de l'objectif : de même les distances du modèle à l'objectif sont comptées du point nodal d'incidence, et celles de la surface sensible à l'objectif, du point nodal d'émergence.

Sur tous les nouveaux instruments de bonne construction, c'est bien la distance focale absolue qui est inscrite, mais elle n'est pas parfaitement exacte, une tolérance de quelques millimètres étant admise pour chaque type. Quant aux points nodaux, les constructeurs n'ont pas encore pris l'habitude de les marquer sur les montures.

Il y a lieu, d'ailleurs, d'observer que dans les objectifs symétriques et dans les anastigmats, l'écart des points nodaux n'est généralement que de quelques millimètres, et qu'ils sont voisins du diaphragme. On ne commettra donc, dans la plupart des cas, qu'une erreur négligeable en comptant du diaphragme la distance du modèle, et en prenant pour la distance focale la valeur gravée sur la monture. Mais l'erreur pourrait être grave avec des objectifs simples, et comme elle varie avec le rapport d'agrandissement, on ne peut pas affirmer *a priori* qu'elle est insignifiante.

Tout photographe qui voudra faire des reproductions à échelle donnée, de manière précise, devra donc déterminer une fois pour toutes, ou faire déterminer par le Laboratoire d'Essais, la distance focale absolue exacte et la position des points nodaux pour les objectifs dont il veut se servir.

V. Temps de pose relatifs pour les opérations d'agrandissement.

Si l'on veut faire d'un même cliché une série d'agrandissements à des échelles différentes, toutes choses restant égales d'ailleurs, il faudra poser pendant des temps différents ; si l'on a, pour un rapport donné de grossissement, trouvé, de façon quelconque, le temps de pose exact, il y aura lieu, le rapport variant, de multiplier ce temps par un coefficient que les lois de la photométrie permettent de calculer. Il en sera de même si, gardant ou non la même échelle, on veut employer successivement divers objectifs. De là les problèmes suivants :

11. *Etant connu le temps de pose exact pour une opération d'agrandissement à une échelle donnée, par quel coefficient devra-t-on multiplier ce temps de pose pour faire, toutes choses égales d'ailleurs, un agrandissement à une échelle différente ?*

On divisera le rapport nouveau de grossissement, augmenté d'une unité, par le rapport primitif, augmenté lui aussi d'une unité, et on élèvera le quotient au carré. Le nombre obtenu sera le coefficient cherché.

Exemple. — On a trouvé que le temps de pose exact pour un agrandissement, dans lequel le rapport des dimensions linéaires de l'image et de l'objet était égal à **2**, était de **15** secondes : on veut, avec le même objectif, agrandir, mais dans un rapport égal à **3**, le même cliché, éclairé de la même façon, l'image étant reçue sur une surface de même sensibilité. Il faudra multiplier 15 par

$$\left(\frac{3+1}{2+1}\right)^2 = \frac{16}{9}$$

ce qui donnera pour le temps de pose nouveau

$$15 \times \frac{16}{9} = 27 \text{ secondes.}$$

Remarque. — La règle ne s'applique exactement qu'à la portion centrale de l'image ; à mesure que l'échelle augmente, l'obliquité des rayons qui se dirige vers les bords va en croissant, et, par suite, l'éclairement de l'image diminue plus vite aux bords qu'au centre. Il y aura donc lieu, quand on passera à des grossissements beaucoup plus forts que celui pour lequel on a déterminé le temps de pose exact, d'augmenter un peu le coefficient calculé au moyen de la règle ci-dessus.

12. *Etant donné le temps de pose exact pour une opération d'agrandissement faite avec un objectif dont l'ouverture utile relative (1) est connue, par quel coefficient devra-t-on multiplier ce temps de pose pour faire, toutes choses égales d'ailleurs, un agrandissement avec un objectif dont l'ouverture relative utile n'a pas la même valeur ?*

On divisera le nombre qui représente l'ouverture relative utile du premier objectif par le nombre qui représente la même quantité pour le second, et on élèvera le quotient au carré. Si l'échelle est la même dans les deux opérations, il suffira de multiplier le temps de pose primitif par le nombre ainsi obtenu ;

____

(1) Voy. p. 21.

il faudra au contraire, si l'échelle varie, le multiplier successivement par les deux coefficients relatifs au changement d'échelle et au changement d'objectif.

Exemples. — 1° On a trouvé pour temps de pose exact, avec un objectif travaillant à $f/9$. 20 secondes ; on veut faire l'agrandissement du même cliché, à la même échelle, avec un objectif ouvert à $f/12,5$, l'éclairement du cliché restant le même, ainsi que la sensibilité de la surface.

L'ouverture utile relative, qui est mesurée par le rapport du diamètre utile du diaphragme à la distance focale principale, est dans le premier cas $\dfrac{1}{9}$, dans le second $\dfrac{1}{12,5}$; le coefficient cherché est donc :

$$\left(\frac{1}{9} : \frac{1}{12,5}\right)^2 = \left(\frac{12,5}{9}\right)^2 = 1,93$$

et le temps de pose nouveau est $20 \times 1,93$, soit 39 secondes environ.

2° Les conditions et les données restant les mêmes, on veut, de la première opération à la seconde, changer le rapport d'agrandissement : il était égal à 3 dans le premier cas, et devient 4 dans le second.

Le changement d'objectif nous donne comme coefficient 1,93 ; le changement d'échelle nous impose

$$\left(\frac{4+.1}{3+1}\right)^{2} = 1,56$$

et le temps de pose nouveau est

$20 \times 1,93 \times 1,56 = 60$ secondes environ.

REMARQUE. — La règle s'applique, soit que l'on change d'objectif, soit qu'on modifie simplement sur un même objectif l'ouverture du diaphragme ; mais, pour les raisons énoncées dans la remarque jointe au problème précédent, il faudra, dans le premier cas, si le nouvel objectif est de distance focale notablement plus courte que l'ancien et si l'on adopte pour la seconde opération une échelle égale ou supérieure, augmenter un peu le temps de pose calculé.

OUVERTURE RÉELLE ET OUVERTURE UTILE.

L'ouverture relative utile de l'objectif est le rapport du diamètre utile du diaphragme à la distance focale principale absolue, ou, si l'on préfère, le nombre qui mesure le diamètre utile du diaphragme, en prenant comme unité cette distance focale ; il est au diamètre réel dans un rapport qui ne dépend que de la combinaison frontale de l'objectif, que l'on peut par conséquent déterminer une fois pour toutes, et que l'on nomme le coefficient d'ouverture utile de l'instrument. Dans les objectifs simples, ce rapport est égal à 1, c'est-à-dire que l'ouverture utile est égale à l'ouverture réelle, — dans les autres, il est toujours supérieur à 1. Pour les anastigmats de Zeiss, et, en général, pour les objectifs nouveaux, c'est l'ouverture utile qui est inscrite sur les diaphragmes. D'ailleurs, la mesure du coefficient d'ouverture utile est une opération simple que peut effectuer tout amateur, sans avoir besoin pour cela d'appareils spéciaux. La méthode la plus simple est celle de Steinheil, que l'on trouvera exposée dans presque tous les ouvrages traitant de l'essai des objectifs photographiques.

13. *Étant donnés la distance focale absolue d'un objectif, le diamètre de ses divers diaphragmes et son coefficient d'ouverture utile, calculer l'ouverture relative de l'objectif pour chacun des diaphragmes.*

On multipliera le diamètre de chaque diaphragme par le coefficient d'ouverture utile, et on divisera par ce produit la distance focale absolue. L'inverse du quotient mesurera l'ouverture relative utile.

Exemple. — Un objectif a 216 millimètres de distance focale absolue : ses divers diaphragmes ont respectivement comme diamètres 24^{mm}, 17^{mm}, 12^{mm}, 8^{mm}, 5 et 6^{mm} ; le coefficient d'ouverture utile est 1,2.

Pour le premier diaphragme, $24 \times 1,2 = 28,8$: en divisant 216 par ce nombre, on trouve pour quotient 7,5 ; l'ouverture relative

utile est donc $\dfrac{1}{7,5}$, ou, comme on dit plus généralement de façon abrégée, l'objectif, avec
ce diaphragme, travaille à $f/7,5$.

On trouverait de même pour les autres diaphragmes,

$$\frac{1}{10,6} \; ; \; \frac{1}{51} \; ; \; \frac{1}{21} \; ; \; \frac{1}{30}.$$

14. *Étant connu le temps de pose exact
pour une ouverture donnée de l'objectif, comment variera le temps de pose si l'on fait varier
l'ouverture ?*

On multipliera le premier temps de pose
par le carré du quotient obtenu en divisant la
fraction qui représente la première ouverture
relative par la fraction qui représente la seconde.

Exemple. — On a trouvé comme temps de
pose exact 2 secondes, avec une ouverture
de $f/12,5$; l'ouverture devenant $f/16$, quel
devra être le nouveau temps de pose ?

Le quotient de $\dfrac{1}{12,5}$ par $\dfrac{1}{16}$ est $\dfrac{16}{12,5}$ ou

1,28 ; le carré est 1,64 ; donc le nouveau temps de pose est $2 \times 1,64 = 3''{,}3$.

REMARQUE. — Si l'on connaît, au lieu des ouvertures relatives utiles, les diamètres réels des diaphragmes, on aura le coefficient cherché en élevant au carré le rapport du diamètre du premier diaphragme au diamètre du second.

PROFONDEUR DE FOYER

Lorsqu'un appareil photographique est mis au point sur un objet déterminé, on peut déplacer la glace dépolie ou la surface sensible d'une certaine quantité, sans que l'image cesse d'être pratiquement nette ; ce déplacement est limité à deux positions extrêmes dont l'écartement mesure la *profondeur de foyer*.

Cette quantité dépend : 1° du degré de netteté exigé ; 2° de l'ouverture relative utile de l'objectif ; 3° de sa distance focale ; 4° de la distance de l'objet à l'appareil.

Il est utile de préciser la définition du degré de netteté.

L'image fournie d'un point lumineux par un objectif photographique n'est pas un point ; c'est une tache, qui est circulaire si les aberrations sont bien corrigées, et qui peut être assimilée à un point si le diamètre en est assez petit. Le degré de netteté est mesuré par ce diamètre : s'il ne dépasse pas 0^{mm}, 1 l'image du point paraîtra nette et réduite à un point, pour un observateur examinant l'image à l'œil nu ; pour un examen à la loupe, ce diamètre ne devrait pas dépasser 0^{mm},05. Dans le premier cas, on dira que l'image est nette au dixième de millimètre, et, dans le second cas, au vingtième.

La profondeur de foyer peut donner lieu aux deux problèmes suivants :

15. *Un objectif étant donné, dont l'ouverture relative utile est connue, et la mise au point étant faite sur des objets éloignés, quelle est la profondeur de foyer, pour un degré donné de netteté ?*

On divisera par 10 si l'on veut obtenir la netteté au vingtième, par 5 si l'on se contente du dixième, l'inverse du nombre qui représente l'ouverture utile relative ; on aura ainsi en millimètres la profondeur de foyer.

Exemple. — On se sert d'un objectif dont le diaphragme correspond utilement à $f/12,5$ et la mise au point est faite sur l'infini ; on veut que l'image soit nette au vingtième de millimètre.

L'ouverture relative utile est ici $\dfrac{1}{12,5}$; la profondeur du foyer est donc $\dfrac{12,5}{10} = 1^{mm},25$.

On voit que, dans ce premier cas, la profondeur de foyer est indépendante de la distance focale.

16. *La mise au point étant faite sur un objet à distance assez courte et connue, quelle est la profondeur de foyer ?*

On multipliera le nombre trouvé en appliquant la règle précédente par le quotient obtenu en divisant la distance de l'objet à l'appareil par cette même distance diminuée de la distance focale absolue de l'objectif (les deux longueurs étant naturellement mesurées avec une même unité).

Exemple. — On a mis au point, sur un objet placé à 2 mètres, un objectif ouvert utilement à $f/15$, et dont la distance focale principale est de 350 millimètres. On veut la netteté au dixième :

La règle précédente nous donne comme premier facteur : $\dfrac{15}{5} = 3$; le second facteur est $\dfrac{2}{2-0,35} = \dfrac{2}{1,65} = 1,21$; et la profondeur de foyer est $3 \times 1,21 = 3^{mm},63$.

On voit qu'il n'y a lieu de tenir compte du second facteur que si l'objet est très voisin de l'objectif.

REMARQUE. — Nous avons traité ces deux problèmes en nous appuyant sur la théorie élémentaire, et en supposant que la correction des aberrations était suffisamment parfaite ; en réalité, les règles énoncées plus haut donneront, le plus souvent, des nombres sensiblement trop forts ; par exemple, beaucoup d'objectifs ne deviennent capables de donner la netteté au vingtième, que s'ils sont munis de très petits diaphragmes.

D'autre part, surtout pour les objectifs dans lesquels l'astigmatisme n'est pas bien corrigé, ou dont la surface focale est sensiblement courbe, les résultats calculés ne peuvent s'appliquer qu'à la portion centrale de l'image.

Accessoirement, la question de la profondeur de foyer peut donner lieu à un certain nombre de questions qui se rapportent à la mise au point, et que nous réunirons ici.

17. *Pour la mesure de la distance focale des objectifs quel diaphragme devra-t-on employer?*

Il est clair que pour la précision des mesures, il y a avantage à ce que la profondeur de foyer soit aussi faible que possible ; on devra donc employer, pour cette opération, le plus grand diaphragme qui permette d'obtenir des images nettes au voisinage de l'axe.

18. *Dans les opérations ordinaires de photographie, quel diaphragme devra-t-on employer pour la mise au point !*

La profondeur de foyer va en diminuant à mesure que l'on s'écarte de l'axe ; d'autre part, la surface focale moyenne des objectifs est souvent assez courbe, et pour que la glace soit complètement couverte, il faut qu'elle soit entièrement comprise à l'intérieur d'un volume affectant la forme d'un ménisque, et qu'on appelle le volume focal : celui-ci varie avec le diaphragme adopté, et, par suite, la position la plus avantageuse pour la surface sensible change également : il faut donc employer, pour la mise au point, un diaphragme aussi voisin que possible de celui qui doit servir pendant la pose.

19. *Sur quelle portion de l'image doit être faite la mise au point, dans le cas d'un objet plan ?*

(C'est pour ne pas faire intervenir la question de profondeur de champ, que nous supposons ici que l'objet à photographier est plan ou du moins ne comprend que des plans peu différents.)

Pour les raisons que nous venons d'énoncer, ce n'est pas au centre de l'image, où la profondeur de foyer a son maximum, qu'il faut effectuer la mise au point ; il y aura presque toujours avantage à la faire à quelque distance du centre : en moyenne, au tiers de la distance qui le sépare du bord le plus éloigné ; cette précaution, qui n'a pas très grande importance avec les anastigmats et les instruments similaires, dont la surface focale moyenne est assez plane, est, au contraire, essentielle avec les anciens objectifs.

PROFONDEUR DE CHAMP

Un objectif mis au point sur un objet déterminé peut donner, en même temps que de celui-là, des images nettes d'autres objets un peu plus rapprochés ou un peu plus éloignés. La profondeur de champ est mesurée par la différence des distances à l'appareil du point le plus voisin et du point le plus lointain dont on puisse ainsi avoir simultanément une image nette.

La profondeur de champ dépend des mêmes éléments que la profondeur de foyer, mais elle ne leur est pas liée par les mêmes lois. Comme dans le chapitre précédent, nous supposerons que l'image des objets sur lesquels est faite la mise au point présente une netteté absolue.

20. *Etant donné un objectif dont la distance focale principale et le diamètre d'ouverture utile soient connus ; la mise au point étant* *faite sur un objet à distance donnée, quelle est la distance à l'appareil du point le plus voisin dont l'objectif donne une image nette ?*

On multipliera la distance focale par le diamètre utile de l'objectif, puis par 20.000 ou par 10.000 suivant que l'on exige la netteté au vingtième ou au dixième de millimètre. D'autre part on ajoutera à ce produit la distance de mise au point (c'est-à-dire de l'objet sur lequel est faite la mise au point) et on en retranchera la distance focale principale ; on obtiendra ainsi un nombre par lequel on divisera le premier produit ; enfin on multipliera le quotient par la distance de mise au point.

(Toutes les longueurs intervenant dans le calcul devront naturellement être exprimées avec la même unité, le mètre par exemple.)

Exemple. — L'objectif a $0^m,216$ de distance focale ; son diamètre d'ouverture utile est de 12^{mm} et, par conséquent, l'ouverture relative utile est de $f/18$; la mise au point est faite sur un objet à 8 mètres. Quelle est la distance de l'objet le plus voisin dont on ob-

tienne une image nette au vingtième de millimètre ?

Le produit de la distance focale par le diamètre d'ouverture utile est

$$0,216 \times 0,012 = 0,002592$$

qui, multiplié par 20,000, donne

$$51,84.$$

La distance cherchée est donc

$$\frac{51,84}{51,84 + 8 - 0,216} \times 8 = \frac{51,84}{59,624} \times 8 = 6^{m},96$$

21. *Dans les mêmes conditions, quelle est la
limite postérieure du champ ?*

On multipliera encore la distance focale par
le diamètre utile, puis par 20.000 ou par
10.000 suivant le degré de netteté exigé.
D'autre part, on retranchera de ce produit la
distance de mise au point, et on y ajoutera la
distance focale principale : on divisera le premier produit par le nombre ainsi obtenu, et
on multipliera enfin le quotient par la distance de mise au point.

Exemple. — Supposons que les données

restent les mêmes que dans le problème précédent ; la distance cherchée sera

$$\frac{51,84}{51,84 - 8 + 0,216} \times 8 = \frac{51,84}{44,056} \times 8 = 9^m,41$$

22. *Supposant toujours connues la distance focale principale et le diamètre d'ouverture utile de l'objectif, ainsi que la distance de mise au point, quelle sera la profondeur du champ ?*

On peut calculer par les règles précédentes les distances à l'appareil de la limite antérieure et de la limite postérieure du champ, puis retrancher la première de la seconde.

Mais on peut de façon plus simple obtenir directement une valeur approchée de la profondeur de champ en appliquant la règle suivante.

On multipliera la distance de mise au point par la différence entre cette même distance et la distance focale principale ; on multipliera d'autre part le diamètre d'ouverture utile d'abord par la distance focale, puis par 10.000 ou par 5.000 suivant que l'on demande la netteté au vingtième ou au dixième de millimètre ; on divisera enfin le premier produit par le second.

Exemple. — **Les** données étant les mêmes que dans les deux problèmes qui précèdent, le premier produit sera

$$8\,(8 - 0,216) = 8 \times 7,784 = \mathbf{62,272}$$

et le second

$$0,012 \times 0,216 \times 10.000 = \mathbf{25,92}.$$

La profondeur de champ sera donc

$$\frac{62,272}{25,92} = 2,40.$$

Remarque. — En calculant séparément les deux limites et faisant la soustraction, on trouve 2,46 ; la différence est évidemment d'importance négligeable, eu égard au degré de précision nécessaire et aux petites erreurs que peuvent présenter les diverses valeurs intervenant dans le calcul. Il en sera de même de façon générale.

23. *Un objectif étant mis au point à une distance donnée, quel diaphragme devra-t-on employer pour avoir en même temps une image* *nette d'objets situés, en avant, à une distance donnée de l'appareil ?*

On retranchera de la distance de mise au point la distance focale principale de l'objectif et on multipliera cette différence par la distance fixée comme limite antérieure du champ. D'autre part on retranchera cette même distance limite de celle de mise au point, on multipliera la différence d'abord par la distance focale, puis par 20.000 ou par 10.000 suivant que l'on exigera la netteté au vingtième de millimètre ou au dixième ; en divisant enfin le premier produit par le second, on aura le diamètre utile du diaphragme à employer.

(Pour avoir l'ouverture relative utile correspondante, il suffira de diviser par ce diamètre la distance focale et de prendre l'inverse du quotient.)

Exemple. — Un objectif de 0^m, 240 est mis au point sur un objet placé à 10 mètres ; on veut avoir en même temps une image nette, au vingtième de millimètre, d'objets placés à

8 mètres. Quel diaphragme devra-t-on employer ?

La première différence est

$$10 - 0,240 = 9,760$$

dont le produit par la distance limite est

$$9,760 \times 8 = 78,08$$

La deuxième différence est

$$10 - 8 = 2,$$

que nous devons multiplier d'abord par 0,24 puis par 20.000 ; le produit est

$$2 \times 0,24 \times 20.000 = 9600.$$

Le quotient du premier produit par le second est

$$\frac{78,08}{9609} = 0,0081.$$

On devra donc prendre un diaphragme dont le diamètre utile soit sensiblement 8 millimètres ; le rapport de la distance focale à ce diamètre est 30 : donc l'ouverture relative utile que l'on doit choisir est $f/30$.

24. *Un objectif étant mis au point à une distance donnée, quel diaphragme devra-t-on* *employer pour que le champ net s'étende, en arrière, jusqu'à une distance donnée ?*

On retranchera de la distance de mise au point la distance focale principale de l'objectif, et on multipliera la différence par la distance imposée pour limite postérieure du champ ; d'autre part on retranchera de cette distance limite la distance de mise au point ; on multipliera la deuxième différence, d'abord par la distance focale, puis par 20.000 ou par 10.000 suivant le degré de netteté exigé ; enfin on divisera le premier produit par le second.

Exemple. — Un objectif de $0^m,240$ est mis au point sur un objet placé à 10 mètres. On veut avoir en même temps une image nette au vingtième de millimètre d'objets placés à 12 mètres. Quel devra être le diamètre utile du diaphragme?

La première différence est

$$10 - 0,240 = 9,760,$$

la seconde

$$12 - 10 = 2 ;$$

la première, multipliée par la distance limite, donne

$$9,760 \times 12 = 11,712$$

la seconde, multipliée par la distance focale et par 20.000,

$$2 \times 0,240 \times 20000 = 9600$$

le quotient est

$$\frac{117,12}{9600} = 0,0122$$

c'est-à-dire sensiblement 12 millimètres, et l'ouverture relative utile est fournie par l'inverse de

$$\frac{0,240}{0,012}$$

c'est-à-dire qu'elle est $f/20$.

25. *Quel diaphragme doit-on adapter à un objectif de distance focale connue pour qu'il possède une profondeur de champ donnée de part et d'autre d'un point à distance donnée ?*

On multipliera la distance de mise au point par la différence entre cette distance même et la distance focale principale ; on multipliera d'autre part la profondeur de champ imposée, d'abord par la distance focale principale, puis par 10.000 ou par 5.000 suivant que l'on demande la netteté au vingtième ou au dixième ; enfin on divisera le premier produit par le second.

Exemple. — Un objectif ayant $0^m,240$ de distance focale, et étant mis au point à 12 mètres, quel diaphragme faudra-t-il employer pour que la profondeur de champ soit de 5 mètres, avec netteté au vingtième de millimètre ?

Le premier produit est
$$12\ (12 - 0,240) = 12 \times 11,76 = 141,12$$
Le second
$$5 \times 0,240 \times 10.000 = 12.000$$
et le quotient
$$\frac{141,12}{12.000} = 0,01176$$

Le diaphragme devra avoir 12 mill. d'ouverture utile, c'est-à-dire que l'ouverture relative devra être $f/20$.

Remarque. — En comparant les résultats des premiers problèmes, on voit de suite que le champ s'étend plus facilement en arrière qu'en avant du plan de mise au point, et que

par suite la profondeur de champ n'est pas
également répartie de part et d'autre de ce
plan ; dans l'exemple que nous venons de
choisir, et où la profondeur de champ totale
est de 5^m, nous trouverions, en appliquant
les règles énoncées aux deux premiers problèmes, que la limite antérieure du champ
serait sensiblement à 2^m et la limite postérieure à 3^m du plan de mise au point.

26. *On veut qu'un objectif, de distance focale
connue, donne, avec une ouverture utile déterminée, des images nettes à partir d'une distance déterminée — ou jusqu'à une distance
déterminée* (c'est-à-dire que cette fois on se
fixe la limite antérieure ou la limite postérieure du champ). *A quelle distance doit-on
faire la mise au point ?*

On aura cette distance de façon très suffisamment exacte en appliquant la règle suivante.

On multipliera la distance focale élevée au
carré par l'ouverture relative utile de l'objectif, puis par 20.000 ou par 10.000, sui-

vant que l'on exige la netteté au vingtième ou au dixième. On ajoutera à ce produit, s'il s'agit d'une limite postérieure, d'une part la distance focale principale, d'autre part la distance limite ; on divisera la première somme par la seconde, et l'on multipliera le quotient par la distance limite.

S'il s'agit d'une limite antérieure, on soustraira au lieu d'additionner.

Exemple. — 1°. On veut, avec un objectif de $0^m,240$, diaphragmé à $f/20$, obtenir des images nettes au vingtième de millimètre jusqu'à 20 mètres. A quelle distance faut-il faire la mise au point ?

Le produit initial est

$$(0,240)^2 \times \frac{1}{20} \times 20,000 = 57,6$$

et par conséquent la distance de mise au point est

$$20 \frac{57,6 + 0,24}{57,6 + 20} = 14^m,90.$$

2°. On veut, dans les mêmes conditions, avoir la netteté du vingtième à partir de 20 mètres.

La distance de mise au point est alors

$$20 \; \frac{57,6 - 0,24}{57,6 - 20} = 30^{m},60$$

27. *On veut obtenir, avec un objectif de distance focale connue, une profondeur de champ donnée à partir d'une distance fixée. Quel diaphragme devra-t-on employer, et à quelle distance fera-t-on la mise au point ?*

On calculera d'abord, par la règle donnée au problème 25, le diamètre du diaphragme, et, par la suivante, la distance de mise au point.

REMARQUE. — Dans la pratique courante, il n'y a pas grand intérêt à ce que la netteté des images soit rigoureusement du dixième ou du vingtième de millimètre. Il ne faudra donc, dans les valeurs de distance, attacher aux fractions décimales qu'une importance relative.

DISTANCE HYPERFOCALE

Un objectif, étant mis au point à l'infini, donne des images pratiquement nettes de tous les objets situés au delà d'une certaine limite dont la distance à l'objectif est appelée la distance hyperfocale. Nous supposerons ici encore que l'instrument employé est parfaitement corrigé et donne une image parfaitement nette des objets sur lesquels il est mis au point.

28. *Etant données la distance focale principale et l'ouverture utile d'un objectif, quelle est sa distancè hyperfocale?*

On multipliera le diamètre d'ouverture utile de l'objectif, d'abord par la distance focale principale, puis par 20.000 ou par 10.000 suivant que l'on exige la netteté au vingtième ou au dixième de millimètre.

Exemple. — Quelle est la distance hyperfocale d'un objectif dont la distance focale est

$0^m,200$ et le diamètre d'ouverture utile 16 mil-lim. (c'est-à-dire $f/12,5$), la netteté exigée étant du dixième de millimètre ?

Elle est égale à

$$0,016 \times 0,2 \times 10.000 = 32^m.$$

Pour une netteté au vingtième, on trouverait de même 64^m.

29. *Étant donnée la distance focale principale d'un objectif, quelle ouverture relative faut-il lui donner pour que sa distance hyperfocale ait une valeur fixée d'avance ?*

On multipliera la distance focale par 20.000 ou par 10.000 suivant le degré de netteté exigé, et on divisera par ce produit la distance fixée.

Exemple. — Quelle devra être l'ouverture utile d'un objectif de $0^m,125$ pour que, mis au point sur l'infini, il donne des images nettes au vingtième de millimètre de tous objets situés au delà de 10^m ?

Le diamètre utile de l'objectif sera donné par

$$\frac{10}{0,125 \times 20.000} = \frac{1}{250} = 0,004$$

c'est-à-dire que l'ouverture relative utile devra être un peu inférieure à $f/30$.

30. *La distance focale principale et l'ouverture utile d'un objectif étant données, à quelle distance faudra-t-il faire la mise au point pour que le champ s'étende, en arrière, jusqu'à l'infini ?*

On multipliera le diamètre utile de l'objectif par 20.000 ou par 10.000, suivant le degré de netteté exigé, on ajoutera une unité et on mulipliera par la distance focale. Ou bien, si l'on a déjà calculé la distance hyperfocale, on lui ajoutera la distance focale.

Exemple. — A quelle distance faut-il mettre au point un objectif de $0^m,200$ de foyer, et dont le diamètre d'ouverture utile est de 16 millimètres, pour qu'à partir de cette distance et jusqu'à l'infini il donne des images nettes au dixième de millimètre ?

La distance cherchée est

$$(10.000 \times 0,16 + 1)\,0,2 = 32^m,2$$

ce qui est la somme de la distance hyperfocale, 32^m, et de la distance focale, $0^m,2$.

On voit que la valeur trouvée est sensiblement celle de la distance hyperfocale.

31. *La limite postérieure du champ étant ainsi à l'infini, à quelle distance est sa limite antérieure ?*

On divisera par 2 la distance de mise au point fournie par la règle précédente.

Exemple. — Les données étant les mêmes que dans le cas précédent, et la mise au point étant faite de telle sorte que la limite postérieure du champ soit à l'infini, avec une netteté du dixième, à partir de quelle distance l'objectif donnera-t-il des images présentant cette même netteté ?

La mise au point devant être faite à $32^m,2$, la limite antérieure du champ sera à

$$\frac{1}{2}\ 32,2 = 16^m,1.$$

32. *Un objectif de foyer et d'ouverture utile donnés étant mis au point sur un objet situé à sa distance hyperfocale, quelles seront les limites du champ ?*

Pour avoir la limite postérieure, on multipliera la distance focale par le carré du diamètre d'ouverture utile, puis par le carré de 20.000 ou de 10.000 suivant le degré de netteté imposé.

Pour avoir la limite antérieure, on multipliera le double du diamètre d'ouverture utile par 20.000 ou par 10.000 ; on en retranchera une unité et on divisera par cette différence le nombre obtenu pour la limite postérieure.

On aura d'ailleurs pour cette limite antérieure une valeur suffisamment exacte, en général, en multipliant le diamètre utile par la distance focale, puis par 20.000 ou par 10.000 et divisant le produit par 2 ; c'est-à-dire, en somme, en prenant la moitié de la distance hyperfocale.

Exemple. — Un objectif de $0^m,200$ de foyer, diaphragmé à $f/12,5$, étant mis au point sur un objet placé à la distance hyperfocale, et la netteté exigée étant du dixième, entre quelles limites donnera-t-il des images nettes ?

Le diamètre d'ouverture utile est, d'après les données, de 16 millim.

Pour la limite postérieure, nous aurons

$$0{,}2 \times (0{,}016)^2 \times (10.000)^2 = 5120^m \, ;$$

elle est donc extrêmement éloignée.

Pour la limite antérieure, nous aurons exactement

$$\frac{5120}{2 \times 0{,}016 \times 10.000 - 1} = 16^m{,}05$$

ce qui ne diffère pas sensiblement de 16^m, moitié de la distance hyperfocale.

Nous remarquerons de plus que ces limites sont à peu près les mêmes que dans le cas précédent.

33. *Étant donné un objectif de distance focale et d'ouverture relatives connues, mis au point à l'infini, quelle sera la netteté des images qu'il fournira d'objets placés à une distance donnée ?*

On multipliera la distance focale par le diamètre d'ouverture utile, et l'on divisera ce produit par la distance donnée. On aura ainsi le diamètre de la tache constituant l'image d'un point, et par suite le degré de netteté.

Exemple. — Quelle sera la netteté des images que donnera, d'objets placés à 12 mètres, un objectif de $0^m,200$ de foyer, avec un diamètre d'ouverture utile de 16 millimètres, et la mise au point étant faite à l'infini?

$$\frac{0,2 \times 0.016}{12} = 0,00027.$$

L'image d'un point sera une tache de 1/4 de millimètre environ, c'est-à-dire qu'en employant le même langage que plus haut, la netteté sera à peu près du quart de millimètre.

34. *Étant donné un objectif de distance focale et d'ouverture relative connues, et la mise au point étant faite sur un objet placé à la distance hyperfocale correspondant à un degré déterminé de netteté, quelle sera la netteté des images qu'il fournira d'objets placés à une distance donnée?*

On multipliera, d'abord par la distance focale, puis par le diamètre d'ouverture utile, la différence entre la distance hyperfocale et la distance donnée ; on multipliera d'autre part la distance donnée par la distance hyperfocale, diminuée d'une unité ; enfin on divisera le premier produit par le second.

Exemple. — Les données étant les mêmes que dans le cas précédent, mais la mise au point étant faite sur un objet placé à la distance hyperfocale qui correspond à la netteté du dixième de millimètre, quelle sera la netteté pour des sujets situés encore à 12 mètres?

La distance hyperfocale de l'objectif considéré, pour la netteté du dixième de millimètre a été trouvée (v. probl. 28) égale à 32^m. Le premier produit est donc

$$0,2 \times 0,016 \, (32 - 12) = 0,064$$

le second

$$12 \, (32 - 1) = 372$$

et le quotient

$$\frac{0,064}{372} = \frac{0,0016}{93} = 0,00017.$$

La netteté sera donc du sixième de millimètre environ.

APPAREILS A MAIN DITS A « FOYER FIXE »

I. Réglage des appareils

35. *Etant donné un appareil à main dans lequel on veut avoir un écartement fixe entre l'objectif et la glace sensible, à quelle distance devra-t-on faire la mise au point pour régler l'appareil, c'est-à-dire pour déterminer cet écartement ?*

Il résulte de tout ce qui précède que le mode de réglage le plus avantageux consistera à reporter à l'infini la limite postérieure du champ, et qu'en faisant la mise au point sur un objet placé à la distance hyperfocale de l'objectif, cette condition sera sensiblement réalisée. Si d'ailleurs les plans extrèmement éloignés ne donnent pas des images présentant tout à fait la netteté demandée, il n'en résultera aucun désavantage, un léger manque de netteté dans les lointains favorisant beaucoup les effets de perspective aérienne.

La règle pratique sera donc la suivante :

On commencera par déterminer la distance hyperfocale de l'objectif, soit en la calculant d'après la règle que nous avons donnée, soit expérimentalement, en mettant l'appareil au point sur l'infini et cherchant à partir de quelle distance il fournit des images ayant la netteté exigée. Puis on fera une nouvelle mise au point sur un objet placé à cette distance.

II. Choix des objectifs

36. *Quelle doit-être au maximum la distance focale d'un objectif pour que, avec une ouverture relative donnée, il puisse fournir des images nettes de tous objets situés au-delà d'une distance déterminée ?*

Si l'on suppose l'objectif mis au point sur l'infini, on divisera la distance fixée par l'ouverture relative utile, puis par 20.000 ou par 10.000 suivant le degré de netteté exigé, et l'on prendra la racine carrée.

Mais l'on pourra utiliser un objectif de plus long foyer, si la mise au point est faite sur un objet à la distance hyperfocale correspondant à la netteté demandée. Dans ce cas on obtient une valeur approchée, mais suffisamment exacte de la distance focale maxima en appliquant la règle suivante :

On doublera la distance fixée, on la divisera par l'ouverture relative utile, multipliée par 20.000 ou 10.000 et on prendra ensuite la racine carrée.

Exemple. — Quelle devra être au maximum la distance focale d'un objectif pour que, diaphragmé à f/10, il donne des images nettes au vingtième de millimètre à partir de 15 mètres ?

Si la mise au point devait être faite sur l'infini, la distance focale maxima serait

$$\sqrt{\dfrac{15}{\dfrac{1}{10} \times 20.000}} = 0^{\mathrm{m}},087.$$

Si elle est faite sur un objet à la distance hyperfocale, on trouve

$$\sqrt{\dfrac{2 \times 15}{\dfrac{1}{10} \times 20.000}} = 0,0225.$$

Cette question présente une réelle importance au point de vue du choix des objectifs à employer dans les appareils à main à écartement fixe. Les résultats obtenus montrent qu'on ne peut guère, dans ce genre d'appareil, dépasser pratiquement le format 9/12 si l'on veut obtenir des images très fines avec des poses très courtes. Ils font voir aussi quel avantage on trouve à régler l'appareil de la façon que nous avons indiquée.

Si les images obtenues sont destinées à être agrandies, il sera bon d'exiger comme degré de netteté le vingtième de millimètre.

III. Emploi des bonnettes d'approche

On appelle bonnettes d'approche des lentilles additionnelles que l'on adapte aux objectifs pour en modifier la distance focale. Elles permettent de changer la distance de mise au point et les limites du champ sans modifier l'écartement entre l'objectif et la surface sensible.

Il est clair que l'addition de ces lentilles

altérera l'aplanétisme et l'achromatisme de l'objectif, mais comme elles sont en général d'assez long foyer, l'altération ne sera pas bien grave ; elle suffit cependant pour que la profondeur de champ soit réellement un peu inférieure à celle que donneront les règles suivantes, établies en supposant que la correction de l'objectif reste parfaite.

37. *Un appareil photographique étant mis au point à l'infini, on adapte à l'objectif une bonnette d'approche de distance focale donnée : la surface sensible gardant la même position, à quelle distance correspondra la nouvelle mise au point ?*

L'appareil sera au point pour les objets dont la distance à l'objectif est précisément égale à la distance focale de la bonnette.

Réciproquement, si l'on veut que l'appareil, réglé sur l'infini, soit au point sur des objets à une distance finie et donnée, il faudra adapter à l'objectif une bonnette dont la distance focale soit précisément égale à la distance donnée.

Exemple. — Si l'on adapte à l'objectif d'un appareil à écartement fixe, réglé sur l'infini, une bonnette dont la distance focale soit de 8 mètres, l'appareil sera au point sur des objets placés à 8 mètres, et, réciproquement, si l'on veut que l'appareil soit au point à 8 mètres, il faudra adapter à l'objectif une bonnette de 8 mètres de foyer.

38. *Un objectif mis au point sur l'infini étant modifié par l'addition d'une bonnette de distance focale donnée, quelles seront les nouvelles limites du champ ?*

Pour avoir la limite postérieure, on multipliera le diamètre d'ouverture utile par la distance focale de l'objectif, puis par 20.000 ou 10.000 suivant que l'on demande la netteté du vingtième ou du dixième ; on fera d'une part le produit du nombre obtenu par la distance focale de la bonnette (c'est-à-dire par la nouvelle distance de mise au point), et, d'autre part, la différence de ces deux quantités ; enfin on divisera le produit par la différence.

Pour la limite antérieure on gardera le

même dividende, mais, pour former le diviseur, on fera la somme des quantités que l'on retranchait l'une de l'autre dans le premier cas.

Notons que l'on ne peut guère demander à un objectif muni d'une bonnette la netteté du vingtième.

Exemple. — On adapte une bonnette de 5^m de distance focale à un objectif de $0^m,120$ de foyer, et de $0^m,008$ d'ouverture utile ; quelles sont les nouvelles limites du champ, pour une netteté du dixième ?

En multipliant le diamètre d'ouverture utile par la distance focale de l'objectif et par le coefficient 10.000, nous obtenons le nombre

$$0,008 \times 0112 \times 10.000 = 9,6,$$

dont le produit par la distance focale de la bonnette est

$$9,6 \times 5 = 48.$$

Pour avoir la limite postérieure, nous diviserons ce produit par la différence

$$9,6 - 5 = 4,6.$$

ce qui nous donnera

$$10^m, 44$$

Pour la limite antérieure, nous diviserons 48 par la somme

$$9,6 + 5 = 14,6$$

et le quotient sera $3^m,30$.

Les limites du champ seraient donc $10^m,40$ et $3^m,30$; elles seront en réalité la première un peu plus rapprochée et la seconde un peu plus éloignée de l'objectif.

39. *En adaptant à un objectif mis au point sur l'infini une bonnette de foyer donné, de combien la limite antérieure du champ se rapproche-t-elle de l'objectif ?*

La limite antérieure était d'abord à la distance hyperfocale ; il faudra donc retrancher de cette distance hyperfocale la nouvelle distance, calculée comme nous venons de le voir, de la limite antérieure.

On peut résoudre le problème directement en appliquant cette autre règle : on multipliera le diamètre d'ouverture utile par la distance focale de l'objectif, puis par 20.000 ou 10.000 ; on élèvera au carré le nombre obtenu pendant que d'autre part on fera la somme de ce même nombre et de la distance focale de la bonnette ; enfin on divisera le carré par la somme.

Exemple. — Etant donné un objectif de $0^m,120$ de foyer et de $0^m,008$ de diamètre d'ouverture utile, de combien rapproche-t-on la limite antérieure du champ en employant une bonnette de 4^m de foyer ?

Le produit des trois facteurs est

$$0,008 \times 0,12 \times 10.000 = 9,6.$$

Le carré est

$$92,16.$$

La somme du produit et de la distance focale de la bonnette est

$$9,6 + 4 = 13,6.$$

Et enfin le déplacement cherché est

$$\frac{92,16}{13,6} = 6^m,8.$$

40. *Quelle devra être au minimum la distance focale des bonnettes adaptées à un objectif, mis au point sur l'infini, pour que, la distance de mise au point et la limite antérieure du champ se rapprochant de l'appareil, la limite postérieure reste à l'infini ?*

Il faut que la distance focale des bonnettes soit au moins égale à la distance hyperfocale de l'objectif.

41. *En adaptant à un objectif, mis au point sur l'infini, une bonnette dont la distance focale est égale à la distance hyperfocale de l'objectif, quelle sera la limite antérieure du champ ?*

Elle sera à la moitié de la distance hyperfocale.

Exemple. — Soit toujours un objectif de $0^m,120$ de foyer et de $0^m,008$ de diamètre utile ; on veut avoir la netteté du dixième. La distance hyperfocale de l'objectif est, d'après la règle énoncée au chapitre précédent,

$$0,12 \times 0,008 \times 10.000 = 9^m,6.$$

Pour toutes les bonnettes de distance focale supérieure à $9^m,6$ l'appareil donnera des images nettes de tous points situés entre l'infini et une distance qui se rapprochera de l'objectif à mesure que diminuera la distance focale des bonnettes : pour celle de $9^m,6$ de foyer, le champ de netteté s'étendra depuis $4^m,8$ jusqu'à l'infini.

Remarque. — Nous obtiendrons donc ainsi, par l'adjonction, à un objectif mis au point sur l'infini, d'une bonnette dont la distance focale est égale à la distance hyperfocale de l'objectif, le même champ qu'avec un objectif mis directement au point à sa distance hyperfocale ; mais, les corrections se trouvant un peu altérées, le champ est en réalité moins étendu, et cette nouvelle disposition est moins avantageuse que l'autre.

42. *Étant supposé que l'on connaisse le temps de pose exact pour une opération déterminée, avec un objectif muni d'un diaphragme donné, faudra-t-il faire varier le temps de pose si, pour la même opération, l'on adapte à l'objectif une bonnette d'approche, sans changer le diaphragme ?*

Théoriquement, il n'y aura pas lieu de faire changer le temps de pose ; mais en réalité, si sa valeur exacte a été déterminée d'abord pour des objets assez éloignés et que l'on photographie avec la bonnette des objets de même nature, mais assez rapprochés, il faudra tenir compte de l'influence bien connue de la couche d'air interposée, qui équivaut à une augmentation d'éclairement des objets lointains, et prolonger un peu, après l'addition de la bonnette, la durée d'exposition.

PHOTOGRAPHIE SANS OBJECTIF OU AU MOYEN DES VERRES DE BESICLES

I. Photographie sans objectif

Lorsque l'on photographie, sans objectif, à travers une petite ouverture, la netteté de l'image n'augmente pas indéfiniment à mesure que diminue le diamètre de l'ouverture ; elle présente, comme l'a montré **M. R. Colson**, un maximum, et l'on peut déterminer le diamètre correspondant à ce maximum si l'on connaît les distances de l'ouverture à l'objet visé et à la surface sensible.

43. *Connaissant la distance de l'objet à l'appareil et celle de l'ouverture à la surface sensible, quel diamètre faut-il donner à l'ouverture pour avoir le maximum de netteté ?*

On fera d'une part le produit et d'autre part la somme des deux distances ; on divisera le produit par la somme, multipliera le quotient par 0,81, et prendra enfin la racine carrée du nombre obtenu.

Les deux distances étant exprimées en mètres, le diamètre sera donné en millimètres.

Exemple. — L'objet est à 16 mètres de l'ouverture et celle-ci à $0^m,25$ de la surface sensible. Quel est le diamètre d'ouverture le plus favorable à la netteté de l'image ?

Le produit des distances est, en mètres,

$$16 \times 0,25 = 4 ;$$

leur somme

$$16 + 0,25 = 16,25.$$

Le quotient de ces deux nombres, multiplié par 0,81, nous donne

$$\frac{4}{16,25} \times 0,81 = 0,1995$$

et le diamètre cherché est, en millimètres,

$$\sqrt{0,1995} = 0,44.$$

REMARQUE. — Comme, en général, on ne dispose que d'un nombre limité d'ouvertures, disposées par exemple sur un disque tournant, et dont le diamètre varie au moins d'un dixième de millimètre, il n'est pas utile d'avoir la valeur du diamètre avec une aussi grande précision, sauf dans le cas où la distance de l'objet n'est pas beaucoup plus grande que le tirage de la chambre. On peut donc presque toujours appliquer une règle plus simple, donnant une valeur très suffisamment approchée.

On multipliera par 0,81 la distance, en mètres, de la surface sensible à l'ouverture, et l'on prendra la racine carrée.

Dans l'exemple qui précède, on trouverait ainsi

$$\sqrt{0,25 \times 0,81} = 0,45.$$

II. Photographie au moyen des verres de besicles

Si l'on se sert pour photographier de lentilles simples, telles que les verres de besicles, l'image nette ne se forme pas dans le même plan pour l'œil et pour la surface sensible : il y a une aberration chromatique, dont il faut tenir compte en diminuant un peu, après la mise au point, le tirage de la chambre.

Cette correction, toutes choses égales d'ailleurs, varie avec le verre dont sont faites les lentilles ; mais lorsque l'on se sert de verres de besicles, taillés dans un crown qui est toujours à peu près le même, on pourra, en adoptant une valeur moyenne, considérer la correction comme ne dépendant que de la distance focale et de la distance de l'objet. Comme d'ailleurs, à côté de cette aberration chromatique dont nous voulons tenir compte, il y a une aberration de sphéricité dont nous ne nous occupons pas, et que nous ne pouvons par suite avoir jamais d'images très nettes, il n'est pas nécessaire d'effectuer la correction de façon rigoureuse.

44. *On photographie, au moyen d'un verre de besicles, des objets éloignés ; de combien faut-il diminuer le tirage de la chambre après la mise au point ?*

On multipliera par 0,02 la distance focale principale de la lentille (elle est alors sensiblement égale à la distance qui sépare la lentille de la glace dépolie sur laquelle est faite la mise au point).

Le déplacement à effectuer sera exprimé avec la même unité que la distance focale.

Exemple. — Au moment de la mise au point, l'écartement entre la lentille et la glace dépolie est de $0^m,30$.

Il faudra, avant de découvrir la plaque, diminuer le tirage de la chambre de

$$0,30 \times 0,02 = 0,006$$

c'est-à-dire de 6 millimètres.

45. *On photographie, au moyen d'un verre de besicles, des objets qui ne sont pas très éloignés ; de combien faut-il diminuer, après la mise au point, le tirage de la chambre ?*

On mesurera après la mise au point la distance de la glace dépolie à la lentille ; on l'élèvera au carré, multipliera par **0,02**, et divisera par la distance focale de la lentille.

On peut se dispenser de mesurer le tirage de la chambre si l'on connaît la distance focale principale de la lentille : on fera alors le produit de cette distance focale par la dis-

tance de l'objet ; on fera d'autre part la différence de ces deux quantités ; on divisera le
produit par le carré de la différence ; enfin
on multipliera le quotient par la distance de
l'objet et par 0,02.

Exemple.— On se sert d'une lentille de $0^m,30$
de foyer pour photographier des objets placés
à 4 mètres : il faudra, après la mise au point,
rapprocher le châssis de

$$\frac{0,3 \times 4}{(4-0,3)^2} \times 4 \times 0,02 = 0,007$$

L'écartement de la glace dépolie et de la
lentille est alors 0,324 ; nous trouverions, en
nous servant de cette distance et appliquant
la première règle,

$$\frac{0,02 \times (0.324)^2}{0,3} = 0,007$$

TABLE

———

Châteauroux. — Typ. A. Majesté et L. Bouchardeau.